CB024121
9786525051765
9786525051727

O Poder Libertador de se Amar

Por que ser uma Mulher que se Ama é um
Desafio que Beira a Impossibilidade?

Editora Appris Ltda.
Copyright© 2024 da autora
Direitos de Edição Reservados à Editora Appris Ltda.

FICHA TÉCNICA

SUPERVISORA EDITORIAL	Renata C. Lopes
DIAGRAMAÇÃO	Kananda Ferreira
CAPA	Amélia Lopes

Appris editora

Editora e Livraria Appris Ltda.
Av. Manoel Ribas, 2265 – Mercês
Curitiba/PR – CEP: 80810-002
Tel. (41) 3156 - 4731
www.editoraappris.com.br

Printed in Brazil
Impresso no Brasil

JULIANA SCHAUN BENFICA

O Poder Libertador de se Amar

Por que ser uma Mulher que se Ama é um
Desafio que Beira a Impossibilidade?

Como disse a vocês ao decorrer do livro, ser uma mulher que se ama é um desafio que beira a impossibilidade, dentre inúmeros fatores, pelo fato de que mulheres atrelam o amor ao mérito do esforço e sacrifício.

Hoje queria dizer a vocês, minhas queridas leitoras, que eu não sirvo mais para ser amada. E eu já escutei essa frase tantas vezes. Sendo na maioria delas, mulheres se queixando, sentindo-se insuficientes ou incompetentes na tarefa de despertar o amor, desejo e interesse de outro. Essa frase soa como para você? Atestado da sua incompetência ou liberdade do pedestal de aprovação que exige sacrifício na promessa de ser vista e amada como boa o suficiente?

Por muito tempo pensei que o outro não sabia se virar sem mim, eu era a pessoa que pegava tudo para resolver, seja como colega de classe ou de trabalho, parceira, mas principalmente, como filha. Talvez porque, nascendo fêmea e crescendo como mulher, eu acreditava que não havia nada a ser reconhecido a não ser agradar e facilitar a vida dos outros. Cresci como a filha responsável, educada, boazinha... Quantas medalhas! Confesso que me sentia envaidecida, a filha que conseguia corresponder aos ideais dos pais. Isso pelo menos até me dar conta de que o pedestal da aprovação até parecia voo, mas era prisão. Afinal, se era eu quem fazia tudo certo, não podia errar. Se os fios que sustentavam o mundo estavam em minhas mãos, eu nunca poderia descansar e deixar de segurar tudo. Eu achava que o outro dependia de mim, eu precisava achar. Foi preciso tirar o Outro desse lugar de avaliador, e olhando assim parece ser exatamente o que você tanto almeja, certo? Não ser mais dependente da aprovação de um Outro, no entanto, ao retirar o Outro dessa posição, retirei-me também do pedestal que o olhar e aprovação dele me dava. Perdi, perdi quem eu pensava ser, perdi o lugar de protagonista de uma história contada para me assumir como protagonista de uma história experienciada.

E entrego hoje para você cinco notas sobre este processo de ir além da posição de boazinha.

1. Desatrelar amor do mérito: você não é amada porque merece ou porque se esforçou o bastante.

Sejamos sinceras, gostamos de ser vistas como úteis, gentis, atenciosas e boas. E partindo daqui, vamos ao primeiro tapa na cara: **você se traiu por nada. Mulheres são guiadas a se traírem pela promessa de serem amadas, mas amor não é mérito de esforço, nem proporcional ao sacrifício. O resultado é ficar insegura e sob risco, porque no pedestal da aprovação qualquer passo em falso é queda**.

No entanto, sacrificar-se pelo outro é um jeito de acumular uma pilha de oportunidades perdidas, e ainda ter a quem culpar e cobrar por isso. Mulheres boazinhas são agiotas emocionais, esperam que através da devoção o outro as salvem delas mesmas, das próprias angústias e medos de enfrentar a vida. Pensam que o mundo inteiro está em dívida com elas, que deveriam estar ao lado delas tomando suas dores. E nesse ponto talvez você se pergunte se isso não se trata de reciprocidade, e não. Há uma sutil manipulação aqui. A boazinha não espera reciprocidade, ela espera um espelho, pois tratando o amor como moeda de troca, ela não vive o laço amoroso com um outro, ela é compulsiva por agradar, medindo suas palavras, jeitos e desejos pela régua do Outro, como tentativa de manipular para que ele seja quem ela queria que ele fosse. E aqui vai o segundo tapa na cara: **deixe que as pessoas se mostrem como realmente são. Para que se esforçar tanto em manter essa pessoa que te deixa insegura, com a sensação de que tem que agradar, se esforçar, se moldar, ser outra, para que ela fique? E fique como? Por que o medo de que alguém que nunca está, se vá?**

Às vezes, o que a gente precisa é deixar as pessoas mostrarem quem elas são, ao invés de tentar se moldar no que você acha que precisa ser para merecer a companhia delas. Veja quem você é com essa pessoa. Uma compulsiva por agradar, medindo as palavras, os jeitos, os desejos com a régua do Outro? Esse Outro que você instituiu como alguém muito importante que você não pode perder o olhar, a aprovação e a atenção. Mas quem é esse Outro tão absoluto e importante que, caso fosse abandonada por ele, não existiria mais?

Deixe a pessoa te mostrar quem ela é, pare de querer ser algo na tentativa de transformá-la em quem você quer que ela seja. Às vezes, a pessoa é escrota, egoísta, mas você está lá, nunca demandando, assim ela nunca mostra o quanto não está lá para você. Às vezes, a pessoa não se importa, e você está lá se esforçando para chamá-la para fazer alguma coisa, convidando, se fazendo presente para não perceber a falta de interesse dela.

Já se perguntou se não é o outro que mente para você, e sim você que quer tanto que ela seja o que não é, que faz a parte dela na relação? Mas não dá para amar por dois, desejar por dois e fazer por dois. Deixe as pessoas demonstrarem quem realmente são, inclusive quando você demonstra quem realmente é. É bom demais ter por perto quem suporta nossa raiva, nossas obscuridades, uma certa dose de ódio e imperfeição. Ter relações que suportam nossa humanidade sem despedaçar.

Não tem nada mais solitário e adoecedor do que se manter em relações que se sustentam pela aprovação. Mais uma tapa de verdade: não controlamos o amor e o desejo do outro, aquilo que faz ele ir ou ficar, nunca será o que supomos. No entanto, muitas vezes, imaginando que na aprovação terá esse poder, torna-se preferível ser aprovada do que amada.

Até porque é difícil se deixar ser amado. Porque sendo aprovado, sustenta-se a ilusão de que o amor é por algo feito, como se fosse possível ter o controle do amor do outro. Agora quando o outro lhe toma como objeto de seu amor, quando se é amado, fica-se diante do enigma: o que o outro ama em mim? O que me torna amável? E se não sei o que o outro ama em mim, como vou saber como manter ele me amando? Tentar ser aprovada não é apenas medo da rejeição e do abandono, é também medo do amor. Ao se fixar num ideal, inventar que o outro te ama por determinada coisa e se colar nela, como se fosse condição e segurança para esse amor é possível, mesmo que de um jeito torto e sofrido, sustentar uma ilusão de que tem uma maneira de ser amada e ter garantia.

Há de um lado a prepotência neurótica de achar que sabe o que o outro deseja, e do outro, a espera de que o outro se responsabilize pelo nosso desejo. Não sejamos covardes! Bancar a posição desejante é também mudar de posição em relação à própria demanda.

E agora gostaria que você refletisse sobre como você pede ao outro que te ame. Você espera ser reconhecida como? Pelo quê?

A devoção ao outro pode servir como álibi perfeito para nossa covardia diante do próprio desejo. Abrir mão do que deseja e dizer que se sacrifica em nome da felicidade da família ou por amor aos filhos, pelo bem de todos, não é altruísmo, é construir uma barreira entre você e seu desejo, e ainda poder jogar no outro a culpa pelas coisas que não fez.

E falando especialmente para mulheres, penso que as mulheres precisam aprender a desenvolver um comportamento mais ético, entender que o amor e cuidado não podem se fundir com o sacrifício dessa maneira. O amor, enquanto sacrifício, performance e dissimulação, é condenado à decepção, à frustração e ao ressentimento.

Amar tem mais relação com a liberdade do que com a satisfação, porque amar é mais sobre permitir que o outro se responsabilize pelos próprios desejos do que sobre a tentativa de satisfazer todas as demandas do outro. Quando há essa tentativa neurótica de suprir todas as faltas do outro, há um apagamento de si mesmo como sujeito desejante, e uma tentativa de aniquilar a condição desejante no outro.

Amar não é completude. Amar é sustentar a diferença. É suportar que o outro não é você, e que o outro existe para além de você.

2. Relações baseadas no poder: o desejo de servir é desejo de poder.

Um aspecto a ser considerado na submissão é o de servir na espera de ser servida. Claro que tudo isso vem dentro de uma performance social de gênero muito bem desenhada como vimos no livro, o que faz com que tudo pareça predestinado, e que não há outra forma de ser para além de obedecer aos desígnios do Outro. Aprendemos que deixar que os pais, o marido, ou qualquer um que encene o Grande Outro decidir por nós é algo respeitoso e sábio a se fazer. O neurótico é um escravo em busca de um mestre, alguém que o avalie. Buscamos amparo no Outro, e isso de alguma forma nunca se vai, esse papo de ser completamente independente é delírio neurótico com toques de neoliberalismo, se você voltar nos capítulos iniciais do livro se lembrará que somos tecidos de restos e retalhos do Outro. No entanto, ao terceirizar suas decisões, o que você recebe não é amparo de cuidado, mas sim um amparo narcísico, você não se sente amparado pelo outro e segura no sentido de poder tomar suas decisões e isso não colocar em risco seu vínculo e ter com quem contar, pelo contrário, na espera que o Outro te dê um lugar no qual você se sinta narcisicamente reconhecida, você se sente insegura em tomar suas próprias decisões, esperando assim do Outro, aquele a quem você instituiu ao lugar de mestre, as decisões para sua vida.

O problema é que nunca sabemos exatamente o que o Outro deseja, então esse lugar narcisicamente reconhecido no desejo do Outro nunca está assegurado. Não que a gente não vá passar a vida toda se questionando qual nosso lugar no desejo do Outro, no entanto há diferença de se deslocar, ou seja, estar desejante, fazendo disso causa de desejo e com isso bancando o próprio desejo. E se colocar como quem apenas obedece. Lembro-me de um caso de uma paciente que havia feito a faculdade escolhida pelos pais na tentativa de deixá-los felizes. O pai jurava que após a faculdade ela poderia fazer o que quisesse, pois bem, terminando a faculdade ela queria ir viajar o mundo, mas o desejo do pai era que ela fizesse o que quisesse — dentro da profissão que ela estudou e se formou. Lembro-me de uma fala dela na qual dizia: *"é uma dívida eterna. Antes era fazer faculdade, agora é fazer algo com a faculdade"*.

Brownmiller, em **Contra a nossa vontade**, ao abordar os contos de fadas, fala como o comportamento feminino se sustenta na ideia de ser bela e passiva. É evidente esse padrão de comportamento nas princesas, podemos ver a passividade de Chapeuzinho Vermelho ao ser abocanhada pelo lobo, Bela Adormecida que permanece imóvel até ser acordada pelo beijo do príncipe. Branca de Neve fica inerte em seu caixão de vidro na floresta até ser beijada. E Cinderela à espera de que o príncipe a salvasse da situação miserável. **Meninas crescem aprendendo que precisam sempre estar sob tutela de um Outro. Como se só houvesse esperança de ser e ter algo por meio de alguém mais forte, pois por si nada pode construir, conquistar ou poder**.

E por estarmos em uma sociedade patriarcal, o homem adquire na vida da mulher o lugar de Grande Outro, um Outro fálico, poderoso, que tem e pode, enquanto mulheres não, inclusive porque o ser mulher, em nossa cultura, passa pelo desejo masculino, então o ser feminino se tece a partir da pergunta: "o que deseja o homem?". Não apenas no sentido individual de ser desejada por um homem, mas no sentido de que há uma ideia de mulher construída a partir do desejo masculino enquanto performance hegemônica.

E, quanto mais esse Outro tem corpo, quanto mais se sustenta o imaginário de que ele tem e pode, mais as mulheres se submetem. Pois, quanto mais o Outro tem consistência, mais empobrecido o sujeito fica de capacidade inventiva na própria vida e mais fixado no ideal como única forma de existência.

Penso que a mulher se desdobra para caber em moldes e formas e esquece de si, estando sempre ocupada — ou culpada? — demais tentando ser o que acredita que precisa ser para ser amada. Porque se ocupar das demandas dos outros é uma forma de silenciar o vazio, a incerteza, a falta de resposta à pergunta: "quem sou eu?". Pois está ocupada de respostas do "quem sou eu (para o outro)" a partir do que se lê que ele deseja, a questão do "quem sou eu" passa a ser tamponada.

Um aspecto importante a se considerar é o narcisismo da que serve. Essa petulância de achar que é possível ocupar o lugar de correspondência do desejo do outro. É possível observar na clínica com mulheres como elas não apenas amam homens, mas como amam principalmente, sobretudo, a versão idealizada de si que é sustentada a partir do amor, ou melhor, aprovação masculina, que elas desejam despertar. Muitas mulheres inventam os homens, dizem que se apaixonam pelo potencial que enxergam neles, orgulham-se de terem comprado na planta. Será que se apaixonam pelo potencial, ou se apaixonam pela imagem de si mesmas refletidas na fantasia de que a partir do momento que desenvolver esse potencial elas serão isso ou aquilo?

Para Lacan, a mulher teria uma enorme liberdade como semblante. Consegue dar peso até a um homem que não tem nenhum. Idealiza-se o outro, pois transformando-o em ideal, a suposta reciprocidade te dará um imenso prazer de ser amado e reconhecido pelo seu próprio ideal. Muitas vezes o que se vê no outro é a idealização do que queria ser, mas como não é autorizada a construir a própria realidade de acordo com o próprio potencial criativo, muitas mulheres canalizam isso para a vida, carreira e felicidade dos parceiros. Vemos mulheres atentas às palavras dos homens, aos sinais deles, sempre alerta para saber de suas vontades e descobrir seus pensamentos e desejos. Uma vida onde nada tem de seu, apesar de não medir esforços, trabalhar duro e se dedicar. Mas se dedicar a quê? muitas vezes aos projetos alheios, não por puro altruísmo, mas esperando que assim receba do outro sua satisfação, sua liberdade, seu corpo e sua vida.

Mulheres servem, na espera de terem bens simbólicos e financeiros, como se não pudessem gerar nada por si mesmas. Pois não se autorizam a dizer de si mesmas, muito menos que são de si mesmas. Seduzem-se pela fantasia de que podem ter algo de seu sob um tirano e não se lembram, ou não querem se lembrar, de que é justamente o tirano que construiu a narrativa que ela sustenta: a de que ela por si nada pode construir, conquistar e poder.

E o que vemos é que a submissa não acredita estar alienada em sua vida, vontades, pensamentos e bens a um outro, pois ao incorporar a submissão como identidade feminina, essa posição adquire aparência de naturalização, imagem necessária para a reprodução do pacto social e político, e acredita que, ao fazer, está conferindo poder a si própria. Podemos sugerir que a tirania não começa no desejo de dominar, mas na vontade de servir. Dá-se tudo ao soberano na esperança de converter-se em soberano também. Espera-se que através do mestre receba uma identidade.

Para isso as mulheres então devem orbitar os outros, estar atentas às palavras, ao tom de voz, aos sinais, sempre tentando ler nas entrelinhas, tudo sempre alerta para tentar prever e antecipar as vontades deles e descobrir seus pensamentos. Uma condição miserável onde nada tem de seu, recebendo de outrem sua satisfação, sua liberdade, seu corpo e sua vida.

As mulheres aprendem que é mais importante serem aprovadas do que experienciarem o amor. E fica pior quando aprendem que para serem amadas precisam fazer por merecer, devem desempenhar um papel de agradar e facilitar a vida dos outros. Mas não se engane, isso não é amar. A posição de amante e desejante é a posição de falta, enquanto a posição de aprovada e desejada é a posição fálica. Então, talvez na ausência de uma posição de prestígio social, ser vista como a necessária e cuidadora que dá conta de tudo seja uma saída narcísica possível para a angústia de ter sido marcada como castrada.

3. Servir não é garantia de não ser abandonada.

O desejo de ser desejada e reconhecida faz parte da nossa constituição de sujeito, como disse Fernando Pessoa, somos esse intervalo entre meu querer e o que a vontade dos outros fez de mim. Mas é preciso poder inventar uma vida que não seja apenas efeito e feito do que o Outro desejava para nós. E aqui vai uma verdade: quando os outros se forem, você estará com a vida que você construiu. Se você segue uma vida obedecendo aos desejos do Outro, você estará construindo uma prisão, estará presa em uma vida que outra pessoa construiu para você, e depois restará apenas o ressentimento e arrependimento de não reconhecer agora que a única pessoa com quem você realmente vai passar a vida é você mesma. Nesse medo de perder o olhar do outro, é possível que você se perca. Nessa fuga de reconhecer o próprio desejo, instaura-se um outro que julga ser maior e mais capaz, para depois também não reconhecer o próprio ato nas mazelas das quais se queixa.

Transformar seu corpo, seu ser e vida em objeto dócil e útil para servir ao outro não será garantia

de não ser abandonada. Essa manipulação de se fazer coisa, pedaço e objeto para saciar a fome do outro só vai fazer você se doar tanto que, quando precisar de si, não terá mais. É preciso deixar de ser uma compulsiva por agradar. Parar de medir suas palavras, jeitos e desejos pela régua do Outro. Tirar o Outro do pedestal de avaliador e topar que nessa, você cai também do pedestal que o olhar dele te dá. E te digo que não viver no pedestal tira o medo da queda, porque no pedestal qualquer passo em falso parece a morte. Afinal, aprovação tem disso, podemos nos esforçar muito na tentativa de ser aquilo que achamos que precisamos ser para sermos amadas, e ainda assim não receber o que vem do outro como amor. Porque ao achar que o olhar é mérito, recebemos como aprovação. E ao invés de se sentir forte e amada, irá se sentir insegura e em risco, porque o pedestal da aprovação exige fixação. Caso pise fora da linha, já era, se perde e não se sabe mais existir para além desse lugar.

Aprender a falar não para as demandas do Outro não é apenas colocar limite no outro e se respeitar, é se haver com a própria castração. Logo, pode parecer preferível ser a boazinha desvalorizada e não reconhecida, porque assim parece que a falta está no outro que não reconhece e não recompensa tudo que você faz.

Não servir mais para ser amada é não servir e continuar existindo.

4. É preciso ir da culpa à responsabilidade

Ao longo o livro, disse em vários momentos sobre bancar o próprio desejo. E eu levei um tempo para entender o que seria bancar o próprio desejo. Porque desejo não é sobre fazer o que se quer, e sim reconhecer a posição que ocupamos diante das nossas próprias escolhas. Bancar o próprio desejo não é descobrir um querer escondido e satisfazê-lo. É se reconhecer na própria forma de sofrer, pedir, amar, desejar, viver e repetir. É se dar conta de que a obra que chamamos de vida, ainda que escrita com as palavras do Outro, tem nossa assinatura.

Desejo não é sobre objeto, é sobre posição desejante. Isso implica abrir mão do gozo da ignorância sobre si para produzir algum saber. Ou seja, desejar é reconhecer o próprio jeito, a própria linguagem nas repetições, que ainda que não pareça, são escolhas. Desejo não é sobre realizar, mas reconhecer. Reconhecer que a queixa é o avesso do que tanto desejamos, mas nos esforçamos para ignorar.

Ir da culpa à responsabilidade então envolve bancar o próprio desejo, não daquele jeito que imaginávamos, simplesmente fazer o que se quer sem se importar com o outro. E sim se reconhecendo no próprio jeito de desejar, amar e repetir. Isso envolve abrir mão do gozo da ignorância, esse ignorar ver sua assinatura nos atos da própria vida. Enquanto a culpa nos faz reféns, a responsabilidade nos torna agentes. Jung disse que até nos tornarmos conscientes, o inconsciente controlará nossa vida e chamaremos isso de destino. Não é porque é inconsciente que não é sua responsabilidade. O inconsciente não é um terreno obscuro ou místico. Há quem pense que o inconsciente é uma parte obscura; pelo contrário, ele está escancarado nas atitudes, repetições e queixas. O inconsciente é o próprio Eu em ato. O que a gente faz na neurose é não se reconhecer nele.

Freud diz que algumas pessoas até se queixam como se fossem perseguidas por um destino maligno ou possuídas por algum poder demoníaco; porém seu destino é, na maior parte, arranjado por elas próprias e determinado por influências primitivas infantis. O inconsciente é a parte que se nega a reconhecer, é o estranho, nas palavras de Freud, o in-familiar, que nos habita. Inclusive muitos usam a ideia de inconsciente de que fez, mas "foi inconsciente" como se dissesse "não tenho nada a ver com isso". Esse não é o inconsciente proposto por Freud. Talvez por isso seja mais fácil cair na culpa ou no vitimismo.

Elizabeth Bandinter, em ***O feminino e alguns destinos***, aponta as vantagens do vitimismo. Para ela, a mulher vítima é mais interessante que a mulher livre que rompeu com o pacto com suas irmãs sofredoras — e vou chamar aqui essa mulher de a mulher que entendeu que sua vida e felicidade são sua responsabilidade. A vitimização feminina permite que as mulheres encontrem a quem culpar. Elas estão sempre do lado certo. E o feminismo deu ainda mais corpo ao Outro masculino. Ele é o predador. O que tudo pode. Então para além de dar consciência à opressão, deu corpo ao opressor. E não me entenda mal, o movimento feminista é importantíssimo e necessário ajudando mulheres a enxergarem que o homem recebe essa posição de poder. Graças a isso, muitas mulheres não se submetem mais como antes, no entanto, seguem perdidas, pois quanto mais o Outro tem consistência, mais empobrecido o sujeito fica de capacidade inventiva para a própria vida e mais fixado em uma única ideia de existência.

O que vemos é que houve um movimento de conscientização feminina sobre a dinâmica social, mas pouquíssimo movimento em relação a se enxergar como sujeito desejante. Mulheres, em geral, continuam se enxergando apenas no lugar de oprimidas. Não se autorizam a se enxergarem desejantes. Seja no sentido de desejarem algo para si e por si. Seja se reconhecendo como aquela que tem escolha, ou seja, aquela que assina a própria vida e reconhece seu desejo marcado na repetição, ainda que seja o desejar inclusive, ser objeto e gozar nesse lugar.

Desejo é nossa assinatura, é o uso que fazemos da língua que veio do Outro, e que nos diz, bem ou mal dito.

Desejar, a meu ver, é um bem dizer sobre e de si mesmo. Lacan vai dizer que desejo é "metonímia do ser". Logo, o desejo demarca justamente nossa condição de desarmonia. Não cessa de apontar nossa incoerência e ambiguidades. Não é sobre o que deseja, é como. Não é bancar o desejo. É se reconhecer na forma como deseja e bancar a condição desejante. Desejo é condição inventiva, é assinatura, é fazer a vida a partir do próprio estilo.

É possível que muitas mulheres se mantenham sofrendo como vítimas do grande vilão homem justamente como identidade, mantendo-se sofrendo pode ser um jeito de se manter certo de quem é. Seja a vítima, seja a culpada, essas posições conferem identidade, inclusive coletiva. E então te pergunto: o que uma mulher pode ser para além da utilidade? Além das funções, o que resta?

Quando não se sabe voar, o pedestal parece voo. Sair é perder o chão. Vemos que grande parte das mulheres saem do casulo e entram em crise e não sabendo se é borboleta, ou se sentindo impostora por poder voar. **E se desocupar da culpa é se deparar com o vazio e assumir a responsabilidade sobre aquilo que você deixou enquanto estava salvando, ou melhor, ocupando-se da vida dos outros.**

5. O amor-próprio tem limite

Para começarmos, é importante dizer que o amor-próprio depende do outro. O que pode parecer estranho diante de tantos discursos de autossuficiência, como se autoestima alta fosse você estar totalmente imune e asséptico ao outro. Do ponto de vista da psicanálise, o amor-próprio se tece na relação com o outro. Só nos amamos, à medida que somos amados. Lembrando que, quando falo de ser amada, não estou dizendo que você precisa que um homem te aprove e se case com você, reduzir o amor à relação conjugal é se privar de boas experiências amorosas. O que estou dizendo é que precisamos de bons encontros na vida.

O amor-próprio não é autossuficiente, ele se tece em contato com a diferença. É preciso ser menos autocentrado para amar, caso contrário, fica-se enclausurado no próprio narcisismo. Daí o dito freudiano, ou amamos ou adoecemos. Viver de modo asséptico ao outro, de modo que toda energia de vida se endereça ao próprio eu, não é amor. Afinal, Narciso morreu afogado em si mesmo, lembra?

Tem um poema de Liana Ferraz que gosto muito que diz:

"[...]

recuso a ilusão de que não preciso de ninguém para ser feliz

preciso e quero precisar.

encontrar é o motor da vida.

Sinto que moro em mim, mas você me ajuda a erguer paredes.

esse espaço aconchego.

[...]

eu moro em mim mas nada é só
ao seu lado, estou em casa".

Esse superinvestimento no próprio Eu sem perder um pouquinho investindo no outro, é mortífero, não uma superautoestima e amor-próprio. É se enclausurar na torre do próprio narcisismo para se defender do outro, e se defender do encontro consigo mesma em contato com o outro. Por isso, em Freud, o amor ao outro nos salva da voracidade do nosso próprio narcisismo. Quando amamos o outro, tiramos um pouco de investimento autocentrado para investir no outro, fazendo com que o nosso narcisismo seja furado, possibilitando que a gente possa se ver e se conhecer para além da imagem narcísica que temos sobre a gente mesmo. É na relação com o outro que aparecem nossas ambiguidades, incoerências e angústias. Aquelas partes que insistimos em tentar ignorar.

A autoestima alta é muito mais sobre você suportar não ser tão bom quanto gostaria, do que se sentir maravilhosa. Mas na torre longe do outro, você pinta e sustenta a imagem que quiser de você. Então veja como podem ser problemáticos estes discursos e autoajuda que propõem uma autossuficiência, que além de desconsiderar a complexidade humana, constrói cada vez mais pessoas que não querem e não estão dispostas a amarem o outro, sendo outro, querem um espelho, esperando que reciprocidade seja o outro dar exatamente o que foi idealizado em sua cabeça. Tomam toda alteridade como ataque contra o próprio eu. Constroem uma falsa autoestima para fugir dos "golpes" e se defenderem das possíveis dores e sofrimentos as expectativas, mas estão mesmo é cada vez mais presas nas próprias idealizações.

Pessoas que desejam uma conexão, mas amam a distância (sem crase). Uma distância ideal para não encontrar a diferença no outro, nem encontrar a si mesmas no encontro com o outro. E aqui vai um conselho: exigir do outro aquilo que ele não tem a oferecer — te satisfazer plenamente — e colocar isso como condição para se sentir amada é o caminho mais curto para a infelicidade.

Nesta de "não aceito menos que mereço" há uma grande cilada neurótica: podemos ser engolidos pela voracidade do nosso narcisismo. Sejamos sinceros, queremos ser amados por tudo e achamos que o outro nos deve completude. Não à toa o amado se satisfaz muito pouco na sua empreitada de receber o que ele julga merecer.

E, além disso, temos um imbróglio de, no patriarcado, nós, mulheres, sermos educadas a ver qualquer demonstração de afeto como amor, ou pior, inventar amor onde só tem migalha, ou nem isso. E nessa chuva de discursos sobre amor-próprio como uma autossuficiência narcísica, passamos a nos defender de algo importante da existência: o contato com o outro.

A lógica mercadológica capitalista neoliberal transforma relações em trocas mercadológicas, o sujeito acredita que só deve se relacionar "com quem acrescenta". (Claro que não estou falando de você se relacionar com quem te faz mal. Sempre bom lembrar). Mas meu ponto aqui é este amor-próprio desmedido, que, segundo Freud, é adoecedor. Essa ideia de ser asséptico ao outro, como se diferença fosse ameaça, fazendo com que as pessoas fiquem cada vez mais isoladas.

Talvez, como diz Ana Suy, precisemos menos "impor limites, e mais localizar os próprios limites e sustentá-los diante do outro". Algo do amor acontece quando os limites de um dançam com os limites do outro. Não quando dos limites são feitas muralhas.

Meu conselho final, parafraseando Ana Suy, é: tenha ao seu lado alguém que te leve a amar a vida mais do que esse alguém. **É bom demais ter por perto quem suporta nossa raiva, nossas obscuridades, que tolera uma dose de ódio e imperfeição. Ter relações que suportam nossa humanidade sem despedaçar é o que nos salva. E só é possível abrir caminho para isso, quando não se é mais refém da necessidade de sustentar suas relações por meio da aprovação.**